W0172900

GUIDO ERBRICH

# Die Firmung

## Mit Gott leben

benno

## GUIDO ERBRICH

geb. 1964, Studium der Theologie und
Philosophie in Erfurt, Prag und New
Orleans, 1996–2010 Referent in der
Jugend- und Erwachsenenpastoral im
Bistum Dresden-Meißen, seit 2010
Pädagogischer Leiter des Roncalli-Hauses
in Magdeburg

Bibliografische Information Der Deutschen Nationalbibliothek
Die Deutsche Nationalbibliothek verzeichnet diese Publikation
in der Deutschen Nationalbibliografie;
detaillierte bibliografische Daten sind im Internet über
http://dnb.d-nb.de abrufbar.

Besuchen Sie uns im Internet:
www.st-benno.de

Gern informieren wir Sie unverbindlich und aktuell
auch in unserem Newsletter zum Verlagsprogramm,
zu Neuerscheinungen und Aktionen.
Einfach anmelden unter www.st-benno.de.

ISBN 978-3-7462-4841-7
© St. Benno Verlag GmbH, Leipzig
Umschlag: BIRQ DESIGN Leipzig,
Umschlagfoto: © Anna Omelchenko/Shutterstock
Gesamtherstellung: Kontext, Lemsel (D)

# INHALTSVERZEICHNIS

# Start in Jerusalem

## Die Geschichte der Firmung

### in sieben Schritten

Die Firmung ist nicht vom Himmel gefallen und schwupps war sie da. Auch in den Evangelien wirst du sie nicht so finden, wie du sie kennst. Es hat viele hunderte Jahre gedauert, bis die Firmung zu dem Sakrament wurde, das sie heute ist. Was alles passierte, bis es soweit war, erfährst du in diesem Kapitel.

Das Wort »Firmung« kommt von dem lateinischen Wort »confirmatio« und lässt sich am besten mit den Worten »Bestätigung« oder »Bekräftigung« übersetzen. Bestätigt werden soll die Taufe, der eigene Glauben an Jesus Christus. Nicht mehr und nicht weniger.

> *Als der Pfingsttag gekommen war, befanden sich alle*
> *am gleichen Ort. Da kam plötzlich vom Himmel her*
> *ein Brausen, wie wenn ein heftiger Sturm daherfährt,*
> *und erfüllte das ganze Haus, in dem sie waren. Und*
> *es erschienen ihnen Zungen wie von Feuer, die sich*
> *verteilten; auf jeden von ihnen ließ sich eine nieder.*
> *Alle wurden mit dem Heiligen Geist erfüllt und*
> *begannen, in fremden Sprachen zu reden, wie es der*
> *Geist ihnen eingab.*
> *In Jerusalem aber wohnten Juden, fromme Männer aus*
> *allen Völkern unter dem Himmel. Als sich das Getöse*
> *erhob, strömte die Menge zusammen und war ganz*
> *bestürzt; denn jeder hörte sie in seiner Sprache reden.*

*Apg 2,1–6*

9

Da sitzen die Jünger ängstlich in ihrem Kämmerlein, und plötzlich fährt der Heilige Geist dazwischen. Und die Männer und Frauen, die gerade noch mucksmäuschenstill hinter verschlossenen Türen und Fenstern saßen, gehen los. Sie laufen auf die Straße und verkünden die frohe Botschaft.

Woher kommt auf einmal diese Energie, diese Kraft? Die Leute in Jerusalem bleiben stehen und staunen. Viele lassen sich begeistern. So wie die Jünger vom Heiligen Geist gepackt sind, nehmen viele diese Botschaft an. Denn dieser Heilige Geist verleiht den Jüngern eine unglaubliche Autorität. Die Menschen glauben ihnen, weil sie sagen, was sie meinen. Weil sie bezeugen, was sie glauben. Ist das Pfingstfest vielleicht schon die erste Firmung, von der die Bibel spricht?

Das ist es, was wir bei diesem Sakrament feiern: wir können darauf vertrauen, dass der Heilige Geist uns packt. Wir können es wagen, unseren Glauben zu bekennen. Und wir müssen uns nicht schämen, wenn wir Angst haben.

Zu Pfingsten feiert die Kirche Geburtstag. Ihre Geschichte beginnt in dem Moment, als der Heilige Geist, die Kraft Gottes, zu den Jüngern kommt. Auf einmal haben sie Mut, die Botschaft von der Auferstehung Jesu zu verkünden. Über diese »Frohe Botschaft« zu sprechen, war damals und ist heute nicht leicht. Doch diese Botschaft will die Welt verändern. Das Tolle: Diese Weltveränderung beginnt bei jedem Menschen, der sich anstecken lässt.

Als Erstes können wir uns schon mal merken: Der Heilige Geist kommt. Zu Pfingsten passiert das völlig überraschend.

11

## ZWEITER SCHRITT: DIE APOSTEL GEBEN DEN HEILIGEN GEIST WEITER

Pfingsten war zwar nicht die erste Firmung, aber jedes Sakrament hat seinen Ursprung. Von da entwickelt es sich mit der Zeit weiter. Es kommen Rituale und Formen dazu, mit denen wir Gottes Gegenwart, Vergangenheit und Zukunft feiern. Dabei erinnern wir uns an vieles, was uns die Bibel über Gottes Wirken erzählt. Darauf führen wir alle unsere Sakramente zurück.

Die zweite biblische Ursprungsgeschichte der Firmung spielt in Samarien. Die Jünger Jesu, die Apostel, haben den Heiligen Geist erhalten und wollen ihn weitergeben. In der Apostelgeschichte wird das so beschrieben:

> *Als die Apostel in Jerusalem hörten, dass Samarien das Wort Gottes angenommen hatte, schickten sie Petrus und Johannes dorthin. Diese zogen hinab und beteten für sie, sie möchten den Heiligen Geist empfangen. Denn er war noch auf keinen von ihnen herabgekommen; sie waren nur auf den Namen Jesu, des Herrn, getauft. Dann legten sie ihnen die Hände auf und sie empfingen den Heiligen Geist.*

Apg 8,14–17

Im Unterschied zu Pfingsten bricht hier der Heilige Geist nicht überraschend herein, sondern er wird »erwartet« und »weitergegeben«. Die Jünger beten um den Heiligen Geist und legen den Menschen die Hände auf.

Die Menschen, denen hier die Hände aufgelegt werden, waren übrigens schon getauft. Das Händeauflegen gehört von nun an zum »Christwerden« dazu.

Ein Ritual entsteht, und das ist wichtig für das Sakrament, wie wir es heute kennen. Der Heilige Geist wird »weitergegeben«. Zuerst durch die Apostel, später durch ihre Nachfolger, die Bischöfe.

# DRITTER SCHRITT: DER HEILIGE GEIST VERÄNDERT DIE MENSCHEN

Damit, dass Petrus und Johannes den Heiligen Geist empfangen haben, ist mit der Weitergabe des Glaubens noch nicht Schluss. Der heilige Paulus, der Jesus zu Lebzeiten nie sah und auch zu Pfingsten nicht dabei war, spendete später selbst die Firmung. Auch diese Geschichte findest du in der Apostelgeschichte:

» *Sie ließen sich auf den Namen Jesu, des Herrn, taufen. Paulus legte ihnen die Hände auf und der Heilige Geist kam auf sie herab; sie redeten in Zungen und weissagten. Es waren zwölf Männer.* «

Apg 19,5–7

Hier wird deutlich, dass das Handauflegen zur Taufe dazugehört. Anfangs legten die Apostel die Hände auf.

Aber es dauerte nicht lange, da wurde es zu einer Aufgabe für Bischöfe, denn mit dem Tod der Apostel entwickelten sich Ämter in der Kirche. Ein besonderes Amt war das des »Episkopos« (das ist das griechische Wort für »Bischof«).

Schön beschrieben wurde die Taufe in den ersten Jahrhunderten n. Chr. von zwei alten Kirchenvätern. Kirchenväter werden die ersten großen Theologen der Kirchengeschichte genannt. Von ihnen wissen wir viel über die ersten Jahrhunderte der Christenheit. Die beiden haben heute recht ungewöhnlich klingende Namen: Tertullian und Hippolyt von Rom.

Hippolyt schreibt, dass bei diesen Tauffeiern den Täuflingen das Haupt gesalbt wurde. Wieso eigentlich? Weil es etwas Besonderes war! Die Taufe mit Wasser vermittelte den Heiligen Geist, das Handauflegen und die Salbung betonten die besonderen Geistesgaben und die Verantwortung der neuen Christen. Gesalbt wurden bis dahin nur Priester und Könige – nun jeder Christ.

In den ersten Jahrhunderten wurden die Hände entweder gleich bei der Taufe oder zumindest sehr bald danach aufgelegt. In jener Zeit kannte die Kirche nur die Taufe von Erwachsenen. Auch hier ist noch nicht von Firmung zu sprechen. Aber langsam entdecken wir schon den Zusammenhang: Für die frühe Kirche gehören Taufe und Firmung zusammen. Mehr noch: Von der Firmung als etwas Eigenem wurde gar nicht gesprochen. Das änderte sich schlagartig, als die Kindertaufe populär wurde. Im Unterschied zu den Erwachsenen wurden die Kinder nicht gefragt, was sie glaubten. Das wurde ihnen in der Regel von ihren Eltern abgenommen. Die Gaben des Geistes wurden den Kleinen in einem so frühen Alter vermittelt, dass sie sich später nicht einmal daran erinnern konnten.

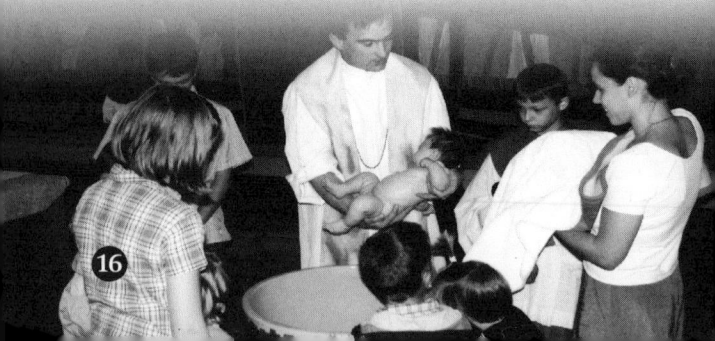

So schön es ist, von Anfang an Kind Gottes zu heißen, etwas Wichtiges fiel auf einmal aus: das eigene Bekenntnis des Glaubens. Ein Baby kann sich nicht hinstellen und allen sagen, dass es an Gott glaubt. So zeigt die Kindertaufe zwar, welch großartiges Geschenk es ist, ein Kind Gottes zu sein. Die Eltern und Paten bekennen den Glauben jedoch nur stellvertretend für das Kind. Und so merkten die mittelalterlichen Theologen schnell, dass jetzt etwas fehlte: die eigene Entscheidung für Christus.

Das war die Stunde der Rückbesinnung auf das Handauflegen und Salben. Die Firmung als besonderes Sakrament beginnt im 12. Jahrhundert. Sie wurde als »Vollendung der Taufe« gespendet. Dazu mussten die Kinder sieben bis zwölf Jahre alt sein. Dieses Alter nannte man auch die »Jahre der Unterscheidung«. Hier verstehen junge Christen selbst, was sie glauben. Erst das Konzil von Florenz (1439–1445) bestätigte die Firmung als eines der sieben Sakramente. Ein Konzil ist eine große Versammlung von Bischöfen mit dem Papst. Hier werden wichtige Beschlüsse für die Kirche gefasst, die dann oft jahrhundertelang gelten. So saßen die Bischöfe auch zusammen, um über die Firmung zu entscheiden. Schließlich waren sie schon damals meist diejenigen, die die Firmung spendeten.

Getauft hat damals in der Regel der Priester. Handauflegen und Salben waren dagegen dem Bischof vorbehalten. Da war es doch ein Leichtes, diesen Ritus wiederzubeleben. So entstand mit der Firmung eines der schönsten Sakramente der Kirche. Denn hier sagt ein Mensch ganz bewusst »Ja« zu seinem Glauben. Er macht mit seiner Entscheidung die Taufe rund.

Der Firmling bekam sogar einen Schlag auf die Wange. Als Ritterschlag sozusagen. Denn wer glaubt, muss auch etwas aushalten.

Erst im Jahr 1971 wurde die heutige Form der Firmung festgelegt. Papst Paul VI. schaffte den Ritterschlag wieder ab und legte Folgendes fest: »Das Sakrament der Firmung wird gespendet durch die Salbung mit Chrisam auf der Stirn, die unter Auflegung der Hand geschieht und die Worte: *Empfange die Besiegelung mit der Gabe des Heiligen Geistes*.« Da sind sie also wieder: die Salbung und die Handauflegung.

Die Firmung ist das Fest des Heiligen Geistes. Es geht um das eigene »Ja« zu Gott. Sie hat ihren Ursprung in der Bibel, entstand im Mittelalter und ist von der Taufe nicht zu trennen.

# Sieben Geschenke Gottes

## Sakramente begleiten durch das Leben

# JOHANNES TAUFT IN DER WÜSTE

> Johannes der Täufer trat in der Wüste auf und ver-
> kündigte Umkehr und Taufe zur Vergebung der Sünden.
> Ganz Judäa und alle Einwohner Jerusalems zogen zu
> ihm hinaus; sie bekannten ihre Sünden und ließen sich
> im Jordan von ihm taufen. Johannes trug ein Gewand
> aus Kamelhaaren und einen ledernen Gürtel um seine
> Hüften und er lebte von Heuschrecken und wildem
> Honig. Er verkündete: Nach mir kommt einer, der ist
> stärker als ich; ich bin es nicht wert, mich zu bücken,
> um ihm die Schuhe aufzuschnüren. Ich habe euch nur
> mit Wasser getauft, er aber wird euch mit dem Heiligen
> Geist taufen.

*Mk 1,3–8*

# SAKRAMENTE BEGLEITEN DURCH DAS LEBEN

Immer wieder sind es Menschen, die Gottes Geschenke zu uns Menschen bringen. Johannes der Täufer war so ein Mensch. Dabei war er ein richtiger Aussteiger und kein angepasster Tempelbesucher. Zum Schluss bezahlte er seine Andersartigkeit mit dem Leben. König Herodes ließ ihn köpfen. Johannes hat getauft. Auch heute werden die Sakramente von Menschen gespendet – im Namen Gottes.

Die sieben Sakramente, begleiten uns durch das ganze Leben. Einige stehen an besonders entscheidenden Punkten unseres Lebens von der Geburt bis hin zum Tod.

Über **Taufe** und **Firmung** hast du nun schon eine Menge erfahren. Hier sind im Schnelldurchlauf die anderen fünf Sakramente: In der **Beichte** können wir erfahren, dass Gott durch dick und dünn mit uns geht. Die **Kommunion** gibt uns Kraft für unseren Lebensweg. Beim **Ehesakrament** oder der **Priesterweihe** entscheiden wir uns dafür, in einer bestimmten Lebensform mit Gott unterwegs zu sein. Die **Krankensalbung** soll uns bei Krankheit oder in das ewige Leben begleiten.

Beichten ist so etwas wie Zähneputzen für die
Seele. Es wäre übertrieben zu sagen, dass es
richtig Spaß macht, aber man hat irgendwann
einen blöden Geschmack, wenn man es nicht
pflegt. Dabei ist Beichten mehr, als dem Priester
zu erzählen, was man Böses getan hat.
Zur Beichte kann auch gehören, das zu erzählen,
was dir gefällt, wo du was Tolles hinbekommen
hast. Und dann erst das, was dumm gelaufen ist.
Vor allem die Dinge, die du vielleicht an dir
verändern möchtest. Das alles kannst du Gott
sagen, weil er dich so akzeptiert, wie du bist.
Der Beichtvater hat dabei eine wichtige Funktion:
Er hilft dir, bei der Sache zu bleiben, und kann
Tipps geben, wie du manches besser hinbe-
kommst. Am besten suchst du dir einen
Beichtvater, von dem
du dir etwas sagen
lässt und zu dem
du wiederkommen
kannst – nicht
nur, wenn du
etwas ausge-
fressen hast.

Zugegeben, wie Brot sehen die
Hostien nicht aus. Der Inhalt
stimmt trotzdem: Mehl und
Wasser.
Brot und Wein waren in der Zeit
Jesu die Grundnahrungsmittel in Israel. Etwas,
was jeder Mensch täglich zum Leben brauchte.
Brot und Wein als Leib und Blut Christi zeigen
auch: Gott ist für unser Leben notwendig.
»Eucharistie« (griech.) heißt übersetzt »Dank-
sagung«. Dabei glauben wir, dass Gott in Brot
und Wein wirklich anwesend ist, so wie Jesus
es beim letzten Abendmahl in Jerusalem
versprochen hat.
Die größten Unterschiede zwischen den Kirchen
sind aus der unterschiedlichen Sicht entstanden,
wie das Abendmahl zu verstehen ist. Für manche
Christen ist es ein Erinnerungsmahl, für andere
ist Gott nur während der Feier des Abendmahls in
Brot und Wein anwesend. Wir Katholiken glauben,
dass das Brot und der Wein, die einmal während
der Messe gewandelt wurden, für immer Christi
Leib und Blut sind. In der Kommunion erleben wir
die Gegenwart Gottes. Deshalb ist sie so wichtig.

## EHESAKRAMENT

Frau und Mann versprechen
sich für ein ganzes Leben die
Treue. Als Zeichen dafür tauschen
sie Ringe aus und besiegeln das feierliche
»Ja« am Traualtar mit einem Kuss. Sie versprechen
auch, dass sie Kinder bekommen möchten, um
diese dann im Glauben zu erziehen. Das Ehesakrament spenden sich die Eheleute gegenseitig.

## PRIESTERWEIHE

Nach einem jahrelangen Theologiestudium werden diejenigen vom Bischof zum Priester geweiht,
die sich zu diesem Amt in der Kirche berufen
fühlen und die die Kirche für geeignet hält.
Priester dürfen Sakramente spenden, und viele
von ihnen arbeiten in Gemeinden als Seelsorger.
Die Priester der römisch-katholischen Kirche
dürfen nicht heiraten, treffen
also gleichzeitig auch die Entscheidung zum ehelosen Leben.

Nur für
Männer

# KRANKENSALBUNG

Jesus hat Kranke geheilt und seinen Jüngern
gesagt, dass sie Kranke heilen und auch salben
sollen. Wer krank ist, braucht Medikamente
und einen guten Arzt, aber mindestens genauso
wichtig ist die Hilfe und der Zuspruch der Mitmenschen. Die Krankensalbung soll dem Kranken
Mut machen, die Krankheit zu ertragen und,
wenn möglich, wieder gesund zu werden. Es gibt
aber auch Krankheiten, die zum Tode führen.
Dann ist die Krankensalbung Wegzehrung
auf dem Weg zu Gott und begleitet in
den Tod, der an der Schwelle zum
ewigen Leben steht.

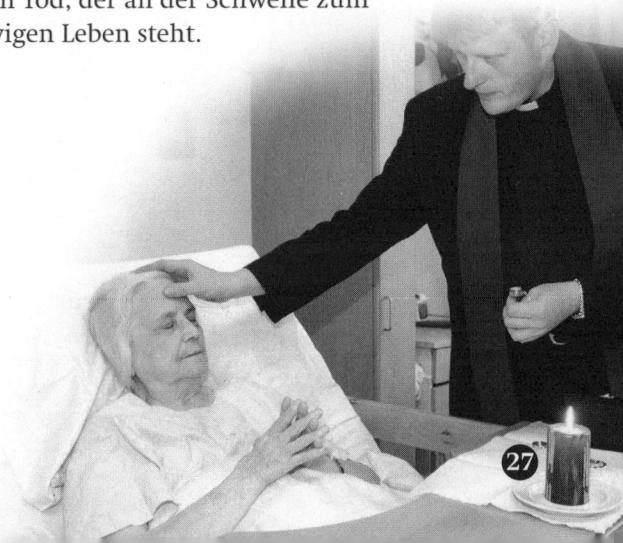

# Kein Opa mit Bart

## Wenn der Glaube erwachsen wird

# JESUS ÜBERRASCHT DIE JÜNGER

❯ Am Abend des ersten Tages der Woche, als die Jünger
aus Furcht vor den Juden die Türen verschlossen
hatten, kam Jesus, trat in ihre Mitte und sagte zu
ihnen: Friede sei mit euch! Nach diesen Worten zeigte
er ihnen seine Hände und seine Seite. Da freuten sich
die Jünger, dass sie den Herrn sahen. Jesus sagte noch
einmal zu ihnen: Friede sei mit euch! Wie mich der
Vater gesandt hat, so sende ich euch. Nachdem er das
gesagt hatte, hauchte er sie an und sprach zu ihnen:
Empfangt den Heiligen Geist! Wem ihr die Sünden
vergebt, dem sind sie vergeben; wem ihr die Vergebung
verweigert, dem ist sie verweigert. ❮

Joh 20,19–23

Da sitzen die Jünger mutlos hinter verschlossenen Türen, weil ihr großes Vorbild am Kreuz
gestorben ist. Plötzlich kommt Jesus in ihre Mitte.
Das ist so unwahrscheinlich, dass es ihr ganzes
Leben verändert. Die Jünger werden zu den ersten
Verkündigern des Auferstandenen. Sie erzählen
anderen Menschen davon und haben keine Angst
mehr, für diesen Glauben einzustehen. Viele
gehen dafür sogar in den Tod.

Die Erfahrung, die diese Frauen und Männer mit
Jesus gemacht haben, muss so stark gewesen sein,
dass ihnen gar nichts anderes übrig blieb. Dabei
bekommen sie einen Auftrag: Behaltet euer
Wissen und euren Glauben nicht für euch. Geht
zu den Menschen und vergebt ihnen die Sünden.
Sündenvergebung heißt, den Menschen zu helfen,
zu sich selbst und zu Gott zu finden, und ihnen
die Chance zu geben, neu mit sich und mit Gott
anzufangen. Christus ist nicht gekommen, um
kleinkariert alle Vergehen zu zählen, sondern
um zu einem befreiten Leben zu führen. Die
Jünger ließen sich mitreißen. Aber was ist mit
uns, die wir diese starke Erfahrung mit dem
auferstandenen Jesus nicht hatten?

# DER EHRLICHE THOMAS

*Thomas war nicht bei ihnen, als Jesus kam. Die anderen Jünger sagten zu ihm: Wir haben den Herrn gesehen. Er entgegnete ihnen: Wenn ich nicht die Male der Nägel an seinen Händen sehe und wenn ich meinen Finger nicht in die Male der Nägel und meine Hand nicht in seine Seite lege, glaube ich nicht.*

*Acht Tage darauf waren seine Jünger wieder versammelt und Thomas war dabei. Die Türen waren verschlossen. Da kam Jesus, trat in ihre Mitte und sagte: Friede sei mit euch! Dann sagte er zu Thomas: Streck deinen Finger aus – hier sind meine Hände! Streck deine Hand aus und leg sie in meine Seite und sei nicht ungläubig, sondern gläubig! Thomas antwortete ihm: Mein Herr und mein Gott! Jesus sagte zu ihm: Weil du mich gesehen hast, glaubst du. Selig sind, die nicht sehen und doch glauben.*

Joh 20,24–29

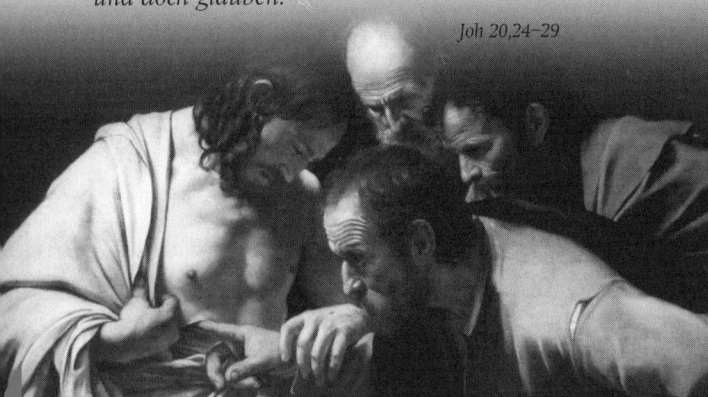

Der Glauben mutet uns einiges zu. Und Thomas ist so ehrlich, dass er sich traut, öffentlich zu zweifeln. Warum auch nicht? Schließlich war er nicht dabei, als Jesus den anderen Jüngern erschien. Außerdem ist die Geschichte der Auferstehung so unglaublich, dass er sich aus gutem Grunde erst einmal für den Zweifel entscheidet. Als Jesus dann kommt, geht er direkt auf Thomas zu und fordert ihn auf, jetzt zu glauben.

Und Thomas glaubt und verkündet Jesu Auferstehung. Es wird vermutet, dass er auf seinen Missionsreisen sogar bis nach Südindien gekommen ist. Vielleicht ist das eine Legende, aber sicher ist, dass die indische christliche Kirche eine der ältesten der Welt ist.

Zurück zu Jesus. Er nimmt den ungläubigen Thomas ernst und somit auch unseren Zweifel. Er spricht uns Mut zu: »Selig sind, die nicht sehen und doch glauben«. Damit sind wir gemeint! In dieser Situation stecken wir. Ganz besonders dann, wenn uns die Sicherheit des Kinderglaubens abhanden gekommen ist. Wenn wir hier neu zu glauben lernen, können wir genauso durchstarten wie der Apostel Thomas!

## DIE MEISTEN MENSCHEN GLAUBEN UND ZWEIFELN

Im Vergleich zu uns hatten es die Jünger doch gut. Sie haben Jesus als Menschen und als Auferstandenen gesehen und konnten mit ihm sprechen. Und so dürfen auch wir mit dem Glauben unsere Schwierigkeiten haben. Diejenigen, die behaupten, hundertprozentig und zweifelsfrei zu wissen, wie Gott ist, sind meistens ziemlich weit vom Erkennen seiner Wahrheit entfernt. Dabei kannten selbst die meisten großen Heiligen Zeiten des Zweifelns. So ging es den Jüngern, den großen Heiligen und wahrscheinlich jedem Menschen, der zu glauben versucht. Einige dieser großen Glaubenden und Zweifelnden findest du in diesem Buch. Es sind nicht nur Christen darunter, denn Gott lässt sich von jedem Menschen und überall finden, wo er will. Er ist längst nicht nur dort, wo Menschen ihm vorschreiben wollen zu sein. So wichtig unser christlicher Glaube für uns und die Welt ist: Gott setzt auf Menschen und überwindet alle Grenzen. Selbst die der Religionen. Mit dem Erleben dieser Weite Gottes macht es wirklich Spaß, in dieser Welt katholisch zu sein.

> Man muss Gott
> beim Herzen packen,
> das ist seine schwache Seite.
>
> Teresa von Ávila

## TERESA VON ÁVILA (1515 – 1582)

Mit Anfang 20 trat sie ohne Wissen ihres Vaters in den Orden der Karmelitinnen ein. Zuerst war ihr Klosteralltag eine langweilige Angelegenheit. Sie erlitt einen Nervenzusammenbruch und war drei Jahre gelähmt. Danach war sie wie umgekrempelt. Sie reformierte ihren Orden, lebte mit ihren Schwestern in Armut und verdiente ihren Lebensunterhalt selbst. Sie schreckte nicht davor zurück, leerstehende Häuser für ihren Orden zu besetzen. Armut und Gebet sind für sie kein frommer Selbstzweck. Lebensfreude gehört zum Glauben wie das Amen in die Kirche. »Gott bewahre mich vor Heiligen mit verdrießlichen Mienen«, sagte sie einmal. 1970 wurde sie zur Kirchenlehrerin erklärt.

# DIE SICHERHEIT
## DES KINDERGLAUBENS

Kinder glauben meist, was ihre Eltern ihnen sagen. Ihr Glaube wird ihnen zuerst von Erwachsenen durch Erzählen weitergegeben. Kinder vertrauen darauf, dass das Erzählte stimmt. Natürlich machen sie auch eigene Glaubenserfahrungen und können Gott begegnen. Vielleicht haben sie es sogar ein wenig leichter als Erwachsene.

Das wirklich Schöne des Kinderglaubens ist die Sicherheit. Dabei stellen sich Kinder sehr gerne bildlich vor, was sie glauben. Oft ist Gott dann ein lieber, alter Opa mit langem, weißem Bart, der auf einer Wolke im Himmel sitzt. Um ihn herum laufen Engel und Heilige in langen Gewändern. Es ist das Bild, was in vielen alten Kirchen an die Decke gemalt ist. Irgendwann kommt jedoch der Moment, da diese Bilder nicht mehr genügen. Sie werfen mehr Fragen auf, als sie Antworten bieten. Der Kinderglaube wird erschüttert.

Manche bleiben hier stehen
und versuchen, den sicheren
Glauben der Kindheit ein
Leben lang festzuhalten.
Irgendwas muss ja dran sein.
Andere verabschieden sich von
ihrem Glauben, weil sie meinen:
Es ist ja bloß ein Märchen. Wieder
andere lassen ihren Glauben erwachsen werden und vertrauen
neu. Sie sind dafür offen, Gott auf
ungewohnte und neue Weise kennen-
zulernen.

Die Zeit der Firmung ist der Moment,
sich darüber Klarheit zu verschaffen,
ob und wie ich weiter glauben will.
Das ist gar nicht so leicht, denn ich
werde einiges an Sicherheiten verlieren,
wenn mein Glaube erwachsen wird.

# KRITIK GEHÖRT ZUM GLAUBEN WIE SALZ UND PFEFFER IN DIE SUPPE

Kritik am eigenen Glauben und auch an der Kirche ist wichtig. Kritik gehört dazu. Das haben schon die alten Kirchenväter gewusst, nur haben es manche Christen heute leider vergessen. »Die Kirche ist immer zu erneuern.« Auf Latein klingt das noch schöner: »Ecclesia semper reformanda est«. Modern gesagt: »Wenn die Kirche lebendig sein soll, darf sie nicht so bleiben, wie sie ist.«

Schon am Anfang der Kirche steht der Willen nach Veränderung: »Kehrt um, tut Buße, ändert euer Leben. Denn das Reich Gottes ist nahe!« Mit Menschen, die bereit waren, sich zu ändern, hat Christus die Kirche gegründet. Niemand ist so perfekt, dass er einfach so bleiben kann, wie er ist. Auch keine Gemeinde, keine Kirche ist so, dass alles beim Alten bleiben kann.

Wenn Jesus Menschen einlud, ihm nachzufolgen, haben sie ihr Leben sehr stark umstellen müssen. Und sie haben es getan, denn sie wussten, warum sie es taten, und spürten Gottes Liebe.

Der weise und manchmal auch zornige
Kirchenvater Augustinus hat den
schönen Satz geprägt: »Liebe –
und dann tue, was du willst.«
Diese Herangehensweise ist für
Kritik sehr hilfreich: Zuerst muss
ich meinen Glauben und meine
Kirche lieben, dann darf ich auch
darum streiten, dass sie nicht so
bleibt, wie sie ist. Schließlich gehört
es zur wichtigen Aufgabe
jedes Christen, sich
mit seinem Glauben
auseinanderzusetzen
und sich selbst in
Frage stellen zu
lassen.
Ein altes Stoßgebet
sagt das so: »Herr,
erneuere deine
Kirche und fange
bei mir an.«

Es ist schon ein Kreuz mit dem Glauben. Sicherheit gibt es nicht, und jeder, der vorgibt, es genau zu wissen, ist entweder ein Heiliger oder ein Ideologe. Heilige sind ziemlich selten, Ideologen gibt es leider häufiger. Letztere glauben immer ganz genau zu wissen, was Gott möchte, und sie können sich meist nicht vorstellen, dass es auch anders gehen kann.

Heilige haben auch ihre Vorstellung davon, was Gott von ihnen will. Aber sie sind weise genug zu wissen, dass Gott mit jedem Menschen seine eigene Geschichte hat.

Vielleicht ist das wichtigste Wort »Vertrauen«. Vertrauen in meine eigene Urteilskraft und in die Glaubenserfahrungen, die ich mache. Vertrauen in Menschen, die ihr Christsein glaubhaft leben und deren Glaubenskraft ihr Leben nachhaltig prägt. Glauben ist eine Liebesbeziehung, die keine Sicherheit kennt und in der sich die Partner aufeinander verlassen müssen. Und dass Glauben schwierig ist, ist kein Indiz dafür, dass das, woran ich glaube, nicht stimmt. Liebe und Glauben lassen sich nicht beweisen, aber spüren.

> Gott würfelt nicht.
>
> Albert Einstein

## ALBERT EINSTEIN (1879 – 1955)

Als Schüler las er lieber wissenschaftliche Bücher, als Hausaufgaben zu machen. Viele bahnbrechende Theorien gehen auf ihn zurück, wurden aber oft von seinen Zeitgenossen nicht verstanden. Die bekannteste ist die Relativitätstheorie.

Als er einmal einen Vortrag über das Verhältnis von Raum und Zeit hielt, stand ein Zuhörer auf und widersprach: »Was Sie hier ausgeführt haben, ist mir viel zu spekulativ. Wir sind doch nicht in einer Kirche. Nach meinem gesunden Menschenverstand kann es nur das geben, was man sehen und überprüfen kann.« Darauf lächelte Einstein und antwortete: »Dann kommen Sie doch bitte mal nach vorn und legen Sie Ihren gesunden Menschenverstand hier auf den Tisch.«

Als Jude musste er Deutschland verlassen und emigrierte in die USA. Einstein setzte sich gegen Diktaturen, Krieg und Gesinnungsschnüffelei ein.

Wie kann ich glauben lernen? Es gibt viele Wege. Manche Menschen glauben, weil sie eine tolle Erfahrung mit Gott gemacht haben, andere, weil sie fühlen, dass es einfach richtig ist. Einige gehen ins Kloster, andere finden Gott in der Natur oder auf den Stationen von Krebspatienten. Welches dein Weg des Glaubens ist, musst du selbst herausfinden. Gott ist in dieser Frage sehr einfallsreich.

Hier sind ein paar Tipps, die dir helfen können, deinen Weg zu finden:
- Höre gut auf deine innere Stimme.
- Habe den Mut, deine Fragen zu stellen und dich fragen zu lassen.
- Leiste es dir zu zweifeln und wage es zu hoffen.
- Du bist nicht allein, lebe dein Leben mit anderen.
- Nimm dir Zeit zu beten. Suche dir Freunde, mit denen du glauben und über Gott und die Welt reden kannst.

Am wichtigsten aber ist, dass du auf dem Weg deines Glaubens und Lebens nicht stillstehst.

Du findest den Weg nur,
wenn du dich
auf den Weg machst.

Maria Ward

## MARIA WARD - (1585-1645)

Sie ist eine der außergewöhnlichsten Frauen der Kirchengeschichte: eine katholische Engländerin, die eine Ordensgemeinschaft gründet, um Mädchen zu unterrichten. Und das zu einer Zeit, wo die meisten Menschen glaubten, dass nur Jungen zur Schule gehen sollten.

Maria Ward läuft 1500 km zu Fuß zum Papst, um seine Genehmigung dafür zu bekommen. Unterwegs wird sie ausgeraubt und kommt arm an. Papst Gregor XV. bestätigt tatsächlich ihre Ordensgemeinschaft. Eigentlich will sie den Frauenorden der Jesuiten gründen. Doch die Männer des Ordens sträuben sich, und so heißt ihre Gemeinschaft »Institutum Beatae Mariae Virginis«. Ein komplizierter Name, schnell werden sie einfach »Englische Fräulein« genannt. Nach kurzer Zeit wird sie als Ketzerin eingesperrt, und ihre Schulen werden wieder geschlossen. Doch Maria Ward gibt nicht auf. Nach einigen Jahren kann sie neue Schulen eröffnen. Erst nach ihrem Tod wird ihre Gemeinschaft von der Kirche anerkannt. Trotz aller Wirren gibt es seit dem 17. Jahrhundert immer wieder Frauen, die dieser »starken Gemeinschaft« beitreten.

# Eine starke Gemeinschaft

## Glauben mit anderen

## WIE PETRUS AUF DEM WASSER GEHT

> *Das Boot aber war schon viele Stadien vom Land entfernt und wurde von den Wellen hin und her geworfen; denn sie hatten Gegenwind. In der vierten Nachtwache kam Jesus zu ihnen; er ging auf dem See. Als ihn die Jünger über den See kommen sahen, erschraken sie, weil sie meinten, es sei ein Gespenst, und sie schrien vor Angst. Doch Jesus begann mit ihnen zu reden und sagte: Habt Vertrauen, ich bin es; fürchtet euch nicht! Darauf erwiderte ihm Petrus: Herr, wenn du es bist, so befiehl, dass ich auf dem Wasser zu dir komme. Jesus sagte: Komm! Da stieg Petrus aus dem Boot und ging über das Wasser auf Jesus zu. Als er aber sah, wie heftig der Wind war, bekam er Angst und begann unterzugehen. Er schrie: Herr, rette mich! Jesus streckte sofort die Hand aus, ergriff ihn und sagte zu ihm: Du Kleingläubiger, warum hast du gezweifelt? Und als sie ins Boot gestiegen waren, legte sich der Wind. Die Jünger im Boot aber fielen vor Jesus nieder und sagten: Wahrhaftig, du bist Gottes Sohn.*

Mt 14,24–33

# GEMEINSAM GEHT'S BESSER – AUCH IN DER KIRCHE!

Petrus traut sich was. Doch nach ein paar Metern verlässt ihn sein Mut. Trotzdem nimmt Jesus ihm das nicht übel. Petrus wird der Felsen, auf den Jesus seine Kirche baut. Und er kann sich auf eine starke Gemeinschaft verlassen. Mit wem sitzt du im Boot, wenn du dich auf deinen Glauben einlässt? Das sind gar nicht so wenige. Dazu gehören deine Pfarrgemeinde, alle, die mit dir gefirmt werden, deine Paten, meist auch deine Familie, mit dazu gehören auch die anderen Christen auf der Welt und, wenn wir es genau nehmen, jeder Mensch, der ehrlich nach Gott sucht. Ganz schön viele sind das, und zum Schluss gehört Jesus mit ins Boot, auch wenn wir manchmal das Gefühl haben, er schläft oder ist gar nicht da. Einige der Mitfahrer schauen wir uns einmal etwas genauer an: die Paten, die Gemeinde, die Mitfirmlinge und die Familie.

## PATEN SIND ERSTE WAHL
## AUF DEM WEG DURCHS LEBEN

Das Wort »Pate« kommt von dem lateinischen Wort »Pater«. »Vater« heißt das auf Deutsch. Pate und Patin sind die Begriffe, die wir im Deutschen verwenden. Im Englischen heißen die Paten sehr treffend »Godfather« und »Godmother«, also Gottvater und Gottmutter. Es wird meist richtig übersetzt aber falsch gedeutet. Gemeint sind nicht Gott und die Gottesmutter Maria, sondern Pate und Patin. Schließlich sind sie so etwas wie die geistlichen Eltern.
Es sind diejenigen, die dir auf dem Weg zu Gott helfen sollen. Die ersten Paten, die du bekommst, sind die Taufpaten. Deine Eltern haben sie für dich ausgesucht. Zur Firmung hast du dir selbst deine Paten, deine »Godmother« oder deinen »Godfather« ausgesucht. Vielleicht ist dein Taufpate auch gleichzeitig Firmpate. Da die Firmung die verlängerte Taufe ist, hat auch dieser Brauch seine Logik.
Dabei ist das Patenamt nicht einfach. Denn die Aufgabe des Paten ist, den eigenen Glauben mit dir zu teilen, und das fällt vielen Menschen schwer.

# WORAUF DU DICH VERLASSEN KANNST!

## Ein Versprechen für Firmpaten und Firmling

Ich verspreche dir, ehrlich zu sein,
obwohl es nicht immer einfach ist.
Ich möchte dich verstehen
und von dir verstanden werden.

Wir möchten uns Zeit füreinander nehmen.
Wir beide wissen, dass wir
keine perfekten Menschen sind,
aber wir wollen unser Möglichstes tun,
dass in dieser Welt
Gottes Liebe sichtbar wird.

Ich möchte mit dir zur Kirche gehören,
selbst wenn es manchmal schwerfällt.
Auf deinem Lebensweg zu Gott
kannst du dich auf mich verlassen.

## EINE BUNTE GEMEINSCHAFT – DEINE GEMEINDE

Zur Gemeinde gehören viele Menschen, junge und alte. Einige kennst du sicher sehr gut, andere weniger. Manche Frauen und Männer haben wichtige Aufgaben in der Pfarrei: der Pfarrer soll die Gemeinde leiten, es gibt Kapläne, Vikare, Gemeindereferenten, Kantoren, Lektoren, Oberministranten, Pfarrgemeinderatsmitglieder, Hausmeister und viele mehr. Viele Christen kannst du sonntags in der Kirche sehen, manche siehst du seltener oder gar nicht.

Die Gemeinde feiert ihren Glauben und soll »ein Herz und eine Seele sein, wo einer den anderen liebt«. Schön gedacht, aber wie überall, wo Menschen zusammenkommen, klappt das nicht immer. Vielleicht gibt es Dinge, die dich an deiner Gemeinde stören. Oder Situationen, wo Gruppen in der Gemeinde nicht miteinander klarkommen. Wichtig ist, dass es in einer Gemeinde ehrlich zugeht und die Gemeindemitglieder aufeinander hören. Dazu gehört der Mut, offen zu kritisieren und auch Kritik einstecken zu können. Eine wirklich gute Gemeinschaft hält das aus. Mit einer guten Gemeinde kannst du durchs Leben gehen.

Wir wollen gemeinsam glauben
und uns mit unseren verschiedenen Gaben akzeptieren.
Wir wissen, dass es nicht immer leicht ist,
als eine starke Gemeinschaft zu leben.
Trotzdem möchten wir es miteinander versuchen.

Wir möchten ein Ohr füreinander haben
und uns ehrlich begegnen.
Wir wissen, dass es
viele Wege zu Gott gibt,
und wollen uns gegenseitig helfen,
den für uns richtigen Weg zu finden.

Wir möchten offen sein
für Sorgen und Nöte
in der Gemeinde und in der Welt.
Wir wollen helfen, dass unsere Welt
auch durch uns ein wenig
besser werden kann,
als sie ist.

Meist bereiten sich Christen gemeinsam auf
ihre Firmung vor. Frauen und Männer aus der
Gemeinde helfen dabei, vielerorts gibt es Firm-
gruppen. Gemeinsam machen sie sich auf den
Weg.

Dabei steht die Firmung aber nicht am Ende,
sondern genau genommen am Anfang des
Weges, denn das bewusste Ja zu Gott meint
auch das Versprechen, diesen Glauben zu leben.
Das geht in Gemeinschaft am besten.

Die Firmgruppe ist eine Chance, einen Ort im
Leben der Gemeinde zu finden. Schön ist es,
wenn es mit der Firmung richtig losgehen
kann. Und das liegt auch an dir!

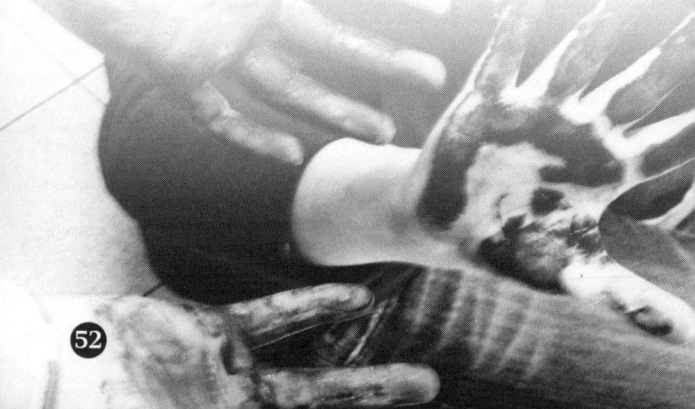

Vater, wir haben uns auf einen Weg gemacht.
Wir haben JA zu DIR gesagt
und möchten versuchen, als Christen zu leben.

Du weißt, dass du es uns nicht leicht machst.
Oft bleibst du im Verborgenen,
und wir können dich nur ahnen.
Manchmal wünschen wir uns,
es wäre leichter, dich zu finden.

Geh mit uns auf unserem Weg,
hilf uns, wenn wir schlappmachen,
richte uns auf, wenn wir keine Lust mehr haben.

Öffne unsere Augen, dass wir sehen,
wie wunderbar die Welt sein kann,
die du geschaffen hast.
Öffne unsere Ohren, dass wir deine Stimme
und die Stimmen unserer Mitmenschen hören.
Öffne unsere Münder, dass wir unsere Stimmen
erheben, um deinem Willen Gehör zu verschaffen.

Vater, geh mit uns
und lass uns gemeinsam durchs Leben gehen.

Es ist natürlich nicht so, dass die Eltern in deinem späteren Leben keine Rolle mehr spielen. Nur entscheiden sie immer weniger für dich. Wenn Kinder erwachsen werden, müssen sich auch die Eltern umstellen.

Das ist nicht immer leicht. Manchmal gibt es darüber Auseinandersetzungen und Streit. Gerade über Glaubensdinge zu sprechen, kann schwer sein. Trotzdem ist es wichtig, dass Eltern und ihre erwachsen werdenden Kinder wissen, woran sie miteinander sind.

Zum Erwachsenwerden gehört es besonders, vieles zu hinterfragen. Die Eltern müssen dabei auch Farbe bekennen, was sie glauben. Diese ehrliche Auseinandersetzung, so schwer sie manchmal auch ist, bringt für alle Beteiligten eine Menge. Denn alle können viel voneinander und miteinander lernen.

## Gebet in der eigenen Familie

Vater, lass uns aneinander wachsen,
schenke uns Geduld, aufeinander zu hören,
und lass uns verstehen, was der andere wirklich sagt.

Hilf uns, den Schatz an Erfahrungen zu entdecken,
den jede Generation mitbringt.
Schenke uns Verständnis für die Dinge,
die wir anders sehen,
und lehre uns eine Sprache, die nicht verletzt.

Lass uns unseren Glauben
in der Familie leben,
zeige uns immer wieder
deine Gegenwart
und sei in unserer Mitte.

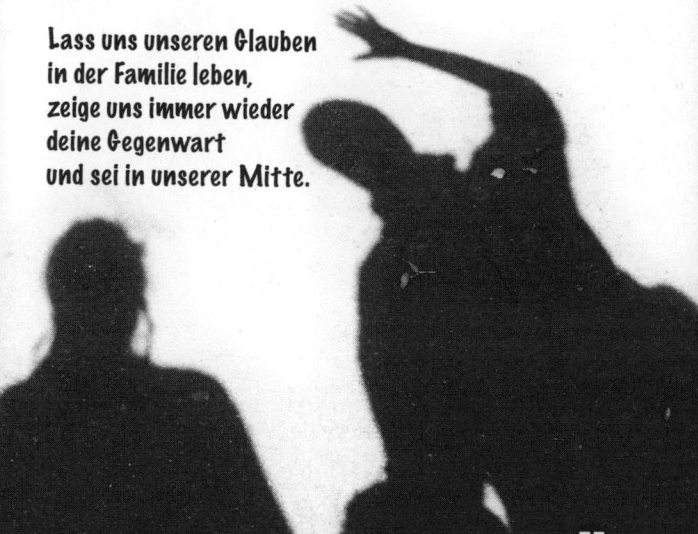

# Werkzeugkiste

## Was mir beim Glauben hilft

# EINE FAST UNGLAUBLICHE GESCHICHTE

Nach dem Sabbat kamen in der Morgendämmerung des ersten Tages der Woche Maria aus Magdala und die andere Maria, um nach dem Grab zu sehen. Plötzlich entstand ein gewaltiges Erdbeben; denn ein Engel des Herrn kam vom Himmel herab, trat an das Grab, wälzte den Stein weg und setzte sich darauf. Seine Gestalt leuchtete wie ein Blitz und sein Gewand war weiß wie Schnee. Die Wächter begannen vor Angst zu zittern und fielen wie tot zu Boden.

Der Engel aber sagte zu den Frauen: Fürchtet euch nicht! Ich weiß, ihr sucht Jesus, den Gekreuzigten. Er ist nicht hier; denn er ist auferstanden, wie er gesagt hat. Kommt her und seht euch die Stelle an, wo er lag. Dann geht schnell zu seinen Jüngern und sagt ihnen: Er ist von den Toten auferstanden. Er geht euch voraus nach Galiläa, dort werdet ihr ihn sehen. Ich habe es euch gesagt. Sogleich verließen sie das Grab und eilten voll Furcht und großer Freude zu seinen Jüngern, um ihnen die Botschaft zu verkünden. Plötzlich kam ihnen Jesus entgegen und sagte: Seid gegrüßt! Sie gingen auf ihn zu, warfen sich vor ihm nieder und umfassten seine Füße. Da sagte Jesus zu ihnen: Fürchtet euch nicht! Geht und sagt meinen Brüdern, sie sollen nach Galiläa gehen und dort werden sie mich sehen.

Mt 28,1–10

# WAS GLAUBE ICH EIGENTLICH ALS CHRIST?

In den meisten Religionen glauben Menschen an einen Gott oder an mehrere Götter und viele auch an ein Dasein nach dem Tod. Wir Christen glauben seit der Auferstehung Jesu daran, dass er wiederkommen wird und dass mit dem Tod das Leben nicht endet. Es ist eine Hoffnung, die das Leben verändern kann.

Es ist aber auch eine Versuchung, den Glauben als Tauschgeschäft mit Gott zu verstehen. Etwa so: »Ich glaube an dich, gehe halbwegs regelmäßig sonntags in die Kirche und spende ab und an eine Kleinigkeit. Und du, lieber Gott, lässt mich dafür doch dann sicher in den Himmel?« Manchmal stellen wir uns Gott wohl zu sehr wie einen Menschen vor, der sich freut und ärgert und sich um den Finger wickeln lässt. Aber das ist zu einfach und hat mit wirklichem Glauben nichts zu tun.

Schon die ersten Christen haben nach Formen gesucht, um ihren Glauben auszudrücken. Solche Formen sind die Art, wie wir Christen Gottesdienst feiern, wie wir beten und wie wir unseren Glauben bekennen. Und diese Formen musst du selbst mit Leben füllen.

Ich glaube an Gott,
den Vater, den Allmächtigen,
den Schöpfer des Himmels und der Erde.
Und an Jesus Christus,
seinen eingeborenen Sohn, unseren Herrn,
empfangen durch den Heiligen Geist,
geboren von der Jungfrau Maria,
gelitten unter Pontius Pilatus,
gekreuzigt, gestorben und begraben,
hinabgestiegen in das Reich des Todes,
am dritten Tage auferstanden von den Toten,
aufgefahren in den Himmel;
er sitzt zur Rechten Gottes,
des allmächtigen Vaters;
von dort wird er kommen,
zu richten die Lebenden und die Toten.
Ich glaube an den Heiligen Geist,
die heilige katholische Kirche,
Gemeinschaft der Heiligen,
Vergebung der Sünden,
Auferstehung der Toten
und das ewige Leben. Amen.

## WIE DAS »KATHOLISCH« INS CREDO KOMMT

»Credo« ist Latein und heißt übersetzt einfach »ich glaube«. Weil der Text auf Latein mit diesem Wort beginnt, heißt das ganze Gebet so. Im Credo findest du die wichtigsten Aussagen des christlichen Glaubens zusammengefasst. Das einzige »Fremdwort« im Credo ist das Wort »katholisch«. Es kommt aus dem Griechischen und heißt übersetzt »die Erde umfassend« oder »allgemein«. Katholisch meint hier nicht die römisch-katholische Konfession sondern die allumfassende Kirche Christi. Evangelische Christen beten an dieser Stelle mit den Worten: »Ich glaube an ... die heilige christliche Kirche.« Das Wort »katholisch« ist hier einfach mit »christlich« übersetzt worden. Inhaltlich meint es genau das Gleiche.

**Wir sind alle Stifte
in der Hand Gottes.**

Mutter Teresa

### MUTTER TERESA (1910–1997)

In Kalkutta (Indien) kümmerte sie sich um Arme,
Hungernde, Sterbende und Leprakranke. 1950 gründete sie den Orden »Missionarinnen der Nächstenliebe«,
der sich weltweit für die Armen einsetzt.

Als ihr 1979 der Friedensnobelpreis überreicht wurde,
erzählte sie diese Geschichte: »Eines Tages kam ein
Herr zu mir und sagte: ›Dort lebt eine Hindufamilie
mit acht Kindern, die schon lange Zeit hungern.‹
Ich nahm Reis und brachte ihn dorthin. Ihre Augen
glänzten vor Hunger. Während ich noch dort war,
teilte die Mutter den Reis und ging mit einer Hälfte
hinaus. Als sie zurückkam, fragte ich sie, was sie
getan habe. Sie antwortete: ›Sie sind auch hungrig.‹
Sie wusste, dass ihre Nachbarn, eine Moslemfamilie,
auch Hunger hatten. Was mich am meisten erstaunte,
war nicht, dass sie den Nachbarn etwas abgab, sondern
dass sie in ihrem Leiden, in ihrem Hunger wusste, dass
noch jemand hungrig war. Sie hatte den Mut zu teilen
und die Liebe zu teilen.«

Mutter Teresa starb 1997 und wurde 2001 selig
gesprochen.

# GOTTESDIENSTE
## SIND »HEILIGES THEATER«

Wenn Menschen zusam-
menkommen, um Gott zu
loben und ihren Glauben zu
feiern, heißt das Gottesdienst.
Es gibt viele Formen, und nicht
immer sind Priester dabei. Die wichtigste Gottesdienstfeier der katholischen
Kirche ist die heilige Messe. Du hast sicher
schon viele erlebt und wirst wissen, dass sie sehr
unterschiedlich gestaltet sein können. Manchmal sind es richtig schöne Feiern, wo die Musik
losgeht, der Pfarrer spannend predigt und die
Gemeinde ein Herz und eine Seele ist. Es kann
aber auch äußerst langweilige Gottesdienste
geben. Das Schöne ist, dass es beim Gottesdienst
nicht darum geht, dass alles klappt.
Es gibt das schöne alte Wort, dass die Messe
»heiliges Theater« ist. Denn es bringt die Geschichte von Gott und uns Menschen »auf die
Bühne«. Es sind wirklich »Bretter, die die Welt
bedeuten«. Nicht weil wir alle schauspielern
sollen, sondern weil der Sinn der Welt hier
deutlich werden kann und die Hauptakteure
sich begegnen: Gott und Mensch.

## 1. Akt: Ankommen
### Ich komme, wie ich bin, zu dir
*Eröffnung / Kyrie / Schuldbekenntnis / Vergebung*

Zu mir gehören meine Launen, Stärken und
Schwächen. Das alles bringe ich zum Gottesdienst mit. Ich weiß, dass ich versagt habe und
dass mir auch einiges gelungen ist. So bitte ich,
dass Gott und die Gemeinde mir verzeihen,
wenn ich schuldig geworden bin. Gott nimmt
uns an, wie wir sind, und vergibt uns.

## 2. Akt: Wir hören dein Wort und antworten dir
*Lesung / Psalm / Lesung / Halleluja / Evangelium /
Predigt /Credo / Fürbitten*

Gott spricht zu uns in den Geschichten der Bibel.
Das Wort Gottes ist auch unsere Geschichte und
die Geschichte unserer Welt. In der Predigt wird
das Wort Gottes ausgelegt und erklärt. Unser
Leben ist besser zu verstehen, wenn wir die
Geschichten anderer Menschen hören. Im Credo
bekennen wir unseren Glauben und bitten in
den Fürbitten für die Anliegen dieser Welt.
Das Glaubensbekenntnis und das vertrauende
Bitten ist unsere Antwort auf Gottes Wort.

### 3. Akt: Wir werden gestärkt

*Eucharistiefeier: Gabenbereitung, Hochgebet, Vater-unser, Friedensgruß, Lamm Gottes, Kommunion*

Hier passiert das Entscheidende, Gott kommt zu uns: still, geheimnisvoll und unaufdringlich. Wir erinnern uns an das Mahl vor Jesu Tod, wir danken und loben Gott und bitten für die Verstorbenen, die Kirche und die Welt. Uns allen wünschen wir den Frieden. Dieses Mahl ist Zeichen und Geheimnis zugleich, Gott kommt in Brot und Wein zu uns. Das feiern wir mit der ganzen Gemeinde.

### 4. Akt: Finale
### Wir gehen hinaus in alle Welt

*Vermeldungen – Segen – Schluss*

Wir hören, was in unserer Gemeinde los sein wird, und werden für die kommende Zeit gesegnet. Gott hat uns gestärkt, und mit dieser Kraft gehen wir hinaus in unseren Alltag.

> Wer glaubt, ein Christ zu sein,
> weil er eine Kirche besucht, irrt sich.
> Man wird ja auch kein Auto,
> wenn man in eine Garage geht.
>
> Albert Schweitzer

### ALBERT SCHWEITZER - (1875–1965)

Mit 21 Jahren fasste er den Entschluss, ab seinem 30. Lebensjahr einen Beruf auszuüben, mit dem er den Menschen helfen konnte. In den neun Jahren bis dahin wurde er Doktor der Philosophie und Theologie, schrieb ein Buch über Johann Sebastian Bach, gab dessen Orgelwerke neu heraus und lehrte als Privatdozent für Neues Testament. Mit 30 Jahren erklärte er, nun Urwaldarzt werden zu wollen, und studierte Medizin. 1913 reiste er als Professor der Medizin nach Afrika ab. Dort gründete er ein erstes Spital in einem alten Hühnerstall. Bald baute er ein größeres Krankenhaus. Als das auch zu klein wurde, begann er, ein Krankenhaus für mehr als 200 Patienten zu bauen: Lambaréné. Gottesdienst findet im ganzen Leben statt.

# BETEN UND FRAGEN

Beten ist das direkte Gespräch mit Gott. Jeder kann es, denn Gott will niemanden ausschließen. Es gibt buchstäblich nichts, was du Gott nicht sagen kannst. Und es gibt keine festen Regeln, die du einhalten musst. Beten ist einfach. Viele werden mit fertig formulierten Gebeten groß (»Müde bin ich geh zur Ruh ...«, »Komm, Herr Jesu, sei du unser Gast ...«). Dazu gehört aber auch das frei gesprochene oder gedachte Gebet. Hier bin ich selbst gefragt. Und es gibt keine guten oder schlechten Gebete, wenn sie ehrlich gemeint sind.

Gebete lassen auch Raum zum Fragen und zum Loben, zum Zweifeln und zum Staunen, und sogar zu Ärger und Wut. Wer Gott sucht, muss nicht über Umwege gehen. Beten ist Direktkontakt.

»Herr, lehre uns beten«, baten die Jünger Jesus. So einfach scheint es selbst für die ersten Heiligen der Kirche nicht gewesen zu sein, im Kontakt mit Gott zu bleiben. Also lehrte Jesus die Jünger das »Vaterunser«, und wir beten es bis heute zu allen möglichen Gelegenheiten. Es ist ein sehr schönes Gebet, nur fällt das manchmal schon gar nicht mehr auf, weil es schnell passiert, dass es automatisch heruntergeleiert wird.

Dabei wird in dem Gebet alles gesagt, was für Gott, die Welt, unseren Nächsten und uns selber »lebensnotwendig« ist. Dass der Lift, der niemals stillsteht, nach dem »Vaterunser« ebenfalls »Paternoster« genannt wurde, macht deutlich, dass dieses Gebet dich immer wieder und zu jeder Zeit zu Gott trägt.

## BETSCHULE –
## DIREKT AUS DER BIBEL

*Wenn ihr betet, macht es nicht wie die Heuchler. Sie stellen sich beim Gebet gern in die Synagogen und an die Straßenecken, damit sie von den Leuten gesehen werden. Amen, das sage ich euch: Sie haben ihren Lohn bereits erhalten. Du aber geh in deine Kammer, wenn du betest, und schließ die Tür zu; dann bete zu deinem Vater, der im Verborgenen ist. Dein Vater, der auch das Verborgene sieht, wird es dir vergelten. Wenn ihr betet, sollt ihr nicht plappern wie die Heiden, die meinen, sie werden nur erhört, wenn sie viele Worte machen. Macht es nicht wie sie; denn euer Vater weiß, was ihr braucht, noch ehe ihr ihn bittet. So sollt ihr beten:*
*Unser Vater im Himmel,*
*dein Name werde geheiligt, dein Reich komme,*
*dein Wille geschehe wie im Himmel, so auf der Erde.*
*Gib uns heute das Brot, das wir brauchen.*
*Und erlass uns unsere Schulden,*
*wie auch wir sie unseren Schuldnern erlassen haben.*
*Und führe uns nicht in Versuchung,*
*sondern rette uns vor dem Bösen.*
*Denn wenn ihr den Menschen ihre Verfehlungen vergebt, dann wird euer himmlischer Vater auch euch vergeben. Wenn ihr aber den Menschen nicht vergebt, dann wird euch euer Vater eure Verfehlungen auch nicht vergeben.*

Mt 6,5–15

# [Glauben wie Otto Dibelius]

Ein Konzertpianist sagte:
Wenn ich einen Tag nicht übe, merke ich es.
Wenn ich zwei Tage nicht übe, merken es meine Freunde.
Wenn ich drei Tage nicht übe, spürt es das Publikum.
Mir geht es ähnlich mit dem Beten.
Wenn ich einen Tag nicht bete, merkt es Gott.
Wenn ich zwei Tage nicht bete, spüre ich es selber.
Wenn ich drei Tage nicht bete, spürt es meine Umgebung.

Otto Dibelius

## OTTO DIBELIUS – (1880–1967)

Dieser evangelische Theologe war anfangs ein An-
hänger Hitlers. Als dann die Nazis begannen, die Juden
zu verfolgen, und eine nationalsozialistisch geprägte
Reichskirche gründeten, lehnte er sich dagegen auf.
Daraufhin wurde er in den einstweiligen Ruhestand
versetzt. Er gehörte zu den Mitbegründern der Be-
kennenden Kirche. Später wurde er Bischof in Berlin.
Er formulierte nach dem Zweiten Weltkrieg mit
anderen Theologen das Schuldbekenntnis der evan-
gelischen Kirche: »Mit großem Schmerz sagen wir:
Durch uns ist unendliches Leid über viele Länder und
Völker gebracht worden ... Wir
klagen uns an, dass wir nicht
mutiger bekannt, nicht treuer
gebetet, nicht fröhlicher
geglaubt und nicht brennender
geliebt haben ...«

# BIBEL –
## DAS SPANNENDE BUCH DES GLAUBENS

Das Buch des christlichen Glaubens ist das meist-
gedruckte Buch der Welt. Übersetzt wurde es in
beinahe alle Sprachen der Welt. Das sind weit
mehr als 2000! Es ist ein Buch, das die Geschichte
von Gott und von uns Menschen erzählt.
Das Wort »Bibel« ist griechisch und heißt übersetzt einfach »Buch« oder »Bücher«. Zwischen
seinen Buchdeckeln findest du ja viele Bücher.
Die meisten stammen aus der Zeit, bevor Jesus
auf die Welt kam. Wir Christen nennen die Samm-
lung dieser Bücher Altes Testament. Viele sagen
auch »hebräische Bibel« dazu.
Die Bücher des Neuen Testaments handeln vom
Leben, Sterben und Auferstehen Jesu, vom Beginn
der Kirche und von den ersten Christen. Diese
Bücher der Bibel sind nicht fürs Regal gedruckt,
sondern fürs Lesen. Wir können viel aus der
Bibel für unser eigenes Leben erfahren und Gott
zwischen den Buchdeckeln entdecken. Aber
Vorsicht! Die Bibel ist ein gefährliches Buch, das
unser Leben umkrempeln kann.

> Die meisten Menschen haben Schwierigkeiten mit den Bibelstellen, die sie nicht verstehen. Ich für meinen Teil muss zugeben, dass mich gerade diejenigen Bibelstellen beunruhigen, die ich verstehe.
>
> Mark Twain

## MARK TWAIN - (1835–1910)

Nein, er war kein Katholik und auch kein eifriger Kirchgänger. Mark Twains Leben ist abenteuerlich. Zuerst den Mississippi rauf und runter, dann als erfolgreicher Autor durch die ganze Welt. Aber seine Geschichten haben es in sich. In ihnen findest du das Leben in seiner ganzen Farbpalette geschildert und kannst dabei noch lachen, denn sie sind alles andere als todernst geschrieben. In einer Geschichte nimmt er allzu naive Vorstellungen vom Himmel aufs Korn und beschreibt Leute, die dort ihre Flügel und Heiligenscheine abholen wollen und dann feststellen: Das Zeug funktioniert nicht richtig. Mark Twain ist genau die richtige Lektüre für Menschen, die auch über ihren Glauben schmunzeln können.

> Vergiss nicht,
> dass für viele Menschen
> dein Leben das einzige Evangelium ist,
> das sie lesen werden.
>
> Dom Hélder Câmara

## DOM HÉLDER CÂMARA (1909–1999)

Als er in seiner Heimat Brasilien Bischof wurde, zog er nicht in den Bischofspalast, sondern in ein einfaches Wohngebiet. Ihm war es wichtig, dass wir einsehen, dass wir für unsere Welt verantwortlich sind. Er engagierte sich für die Menschenrechte, setzte sich für die Armen ein und sagte dazu: »Wenn ich den Armen zu essen gebe, nennen sie mich einen Heiligen. Aber wenn ich frage, warum die Armen nichts zu essen haben, schimpfen sie mich einen Kommunisten.«

Er leistete offenen Widerstand gegen die brasilianische Militärdiktatur. Mehrmals versuchten die damaligen Machthaber, ihn umzubringen. Zweimal wurde er für den Friedensnobelpreis vorgeschlagen.

# Kreuz und quer durchs Leben

## Wie ich glauben kann

# JESUS TRIFFT DEN TEUFEL

≫ Dann wurde Jesus vom Geist in die Wüste geführt; dort sollte er vom Teufel in Versuchung geführt werden. Als er vierzig Tage und vierzig Nächte gefastet hatte, bekam er Hunger. Da trat der Versucher an ihn heran und sagte: Wenn du Gottes Sohn bist, so befiehl, dass aus diesen Steinen Brot wird. Er aber antwortete: In der Schrift heißt es: Der Mensch lebt nicht nur von Brot, sondern von jedem Wort, das aus Gottes Mund kommt.

Darauf nahm ihn der Teufel mit sich in die Heilige Stadt, stellte ihn oben auf den Tempel und sagte zu ihm: Wenn du Gottes Sohn bist, so stürz dich hinab; denn es heißt in der Schrift: Seinen Engeln befiehlt er, dich auf ihren Händen zu tragen, damit dein Fuß nicht an einen Stein stößt. Jesus antwortete ihm: In der Schrift heißt es auch: Du sollst den Herrn, deinen Gott, nicht auf die Probe stellen.

Wieder nahm ihn der Teufel mit sich und führte ihn auf einen sehr hohen Berg; er zeigte ihm alle Reiche der Welt mit ihrer Pracht und sagte zu ihm: Das alles will ich dir geben, wenn du dich vor mir niederwirfst und mich anbetest. Da sagte Jesus zu ihm: Weg mit dir, Satan! Denn in der Schrift steht: Vor dem Herrn, deinem Gott, sollst du dich niederwerfen und ihm allein dienen. Darauf ließ der Teufel von ihm ab und es kamen Engel und dienten ihm.

Mt 4,1–11

## AB IN DIE WÜSTE

Ja, natürlich! Dabei musst du bitte die Wüste nicht als Ausflugsort verstehen, sondern als Aufforderung, dich auf die Firmung vorzubereiten. Die Wüste steht sinnbildlich dafür, sich die Zeit zu nehmen, herauszubekommen, wer du bist, was du willst, wer Gott ist und was Gott will. Wenn das klar ist, können einem andere nicht mehr so viel anhaben. Das zeigt auch die Geschichte von Jesus. Da er weiß, was er will, hat der Teufel keine Chance. Den Teufel musst du dir nicht als gehörnten Grobian mit spitzer Gabel vorstellen. Der Teufel steht für alles, was von Gott und dir wegführen will. Der Weg, der von Gott wegführt, ist manchmal der bequemere Weg. Und dieser Weg sieht auf den ersten Blick gar nicht so schlecht aus. Es ist oft leichter, es der Masse recht zu machen, als es Gott recht zu machen. Wer dagegen weiß, was er will und was Gott will, wird es nicht immer leicht haben.

# GEH BLOSS NICHT ALLEIN
## IN DIE WÜSTE

Es ist gut, nicht alleine unterwegs zu sein. In den meisten Gemeinden machen sich Menschen mit dir auf den Weg. Das sind zum einen diejenigen, mit denen du gefirmt wirst. Dann kommen dazu auch andere Gemeindemitglieder. Sie alle können dir helfen, dass du in dieser Zeit zu dir findest und eine überlegte Entscheidung fällen kannst. Aber, und das ist wichtig, deine Entscheidung können sie dir nicht abnehmen. Es geht bei der Firmung schließlich nicht darum, es irgendjemandem recht zu machen, und sei es der eigenen Familie. Nein, es geht darum, sich selbst für den Glauben zu entscheiden. Dabei ist das Zeugnis anderer Menschen vielleicht hilfreich, aber glauben musst du schon selber. Die Wüste ist das richtige Bild für diese Suche, denn es gibt im Glauben Durststrecken und manchmal sogar eine Fata Morgana. Glauben kann anstrengend sein.

# [Glauben wie Maria Montessori]

> Wir machen nicht,
> was wir wollen,
> sondern wir wollen,
> was wir machen.
>
> Maria Montessori

## MARIA MONTESSORI - (1870-1952)

Als sie sich als erste Frau Italiens in Rom zum
Medizinstudium anmeldete, gab es einen Skandal.
Trotzdem beendete sie ihr Studium mit besten Noten
und wurde Ärztin. Als sie sah, wie geistig behinderte
Kinder wie Gefangene zusammengepfercht waren,
begann sie, Pädagogik zu studieren. Sie gründete
eine Modellschule, um mit neuen Lehrmethoden zu
beweisen, dass mit gezielter Förderung behinderte
Kinder zu ähnlichen Lernergebnissen fähig sind wie
normal begabte Kinder. Das Resultat war phänomenal:
ihre Kinder erzielten bei Prüfungen die gleichen
Leistungen wie Normalschüler. Ihr Kernsatz »Lehre
mich, es selbst zu tun« zeigt, dass die Kräfte, Wissen
zu erlangen, im Kind selbst ruhen. Aufgabe guter
Pädagogen ist es, diese Kräfte zu wecken und zu
fördern. Das »Drängeln und Quetschen, Verbessern
und Bemäkeln« schlechter Pädagogen ist selten hilfreich, den Charakter und die Intelligenz von Kindern
zu formen.

# [Glauben wie Dorothy Day]

> **Wenn ich etwas
> in meinem Leben erreicht habe,
> dann weil ich mich nie schämte,
> über Gott zu sprechen.**
>
> Dorothy Day

## DOROTHY DAY – (1897–1980)

In ihrer Küche schrieb sie eine der erfolgreichsten katholischen Zeitungen in den USA. Eines Tages kamen Obdachlose an ihre Tür und baten um ein Quartier. Sie öffnete, und so war ihre Wohnung immer wieder voller armer Gäste, die dort eine Weile lebten. Bald gründete sie Häuser für Obdachlose. Dorothy Day war eine witzige, klar denkende Journalistin, die für die von der Gesellschaft Ausgestoßenen lebte. Einmal wurde sie gefragt, wie lange es den Obdachlosen erlaubt sei zu bleiben. »Wir lassen sie für immer bleiben«, antwortete sie. »Sie leben mit uns, sie sterben mit uns, und wir geben ihnen ein christliches Begräbnis. Wir beten für sie nach ihrem Tod. Sie sind ein Teil der Familie. Sie sind unsere Brüder und Schwestern in Christus.« Lange vor ihrem Tod am 29.11.1980 wurde Dorothy Day von vielen als Heilige angesehen. Ihre Reaktion: »Nennt mich nicht eine Heilige. Ich möchte nicht so einfach abgetan werden.«

In einer Kirche in New Orleans hing lange Zeit ein Plakat. Darauf stand: »Wenn du Gott hier suchst und hast ihn draußen auf der Straße nicht getroffen, wirst du ihm hier auch nicht begegnen.«

Gottesbegegnungen können überall stattfinden. Und unser Glaube sollte auch daran erkannt werden, wie wir leben. Macht uns der Glaube Mut, gegen Ungerechtigkeit und Dummheit etwas zu sagen? Gibt uns unser Glaube Kraft, anderen Menschen zu helfen und vor der Not in der Welt nicht die Augen zu verschließen? Trauen wir uns, mit unserem Glauben etwas gegen Unmenschlichkeit zu sagen und zu tun? Gelebter Glaube ist nicht leicht, aber wenn unser Glaube lebendig ist, wird er sich mit der Welt, so wie sie ist, nicht zufrieden geben. Denn unser Glaube will die Welt verwandeln.

# PILGERN, WALLFAHRTEN UND LEBENSWEGE

Ein Pilgerweg besteht aus lauter kleinen Wegen. Von Dorf zu Dorf, in die nächste größere Stadt. Die Pilger vergangener Jahrhunderte haben keine neuen Wege angelegt, sondern die vorhandenen genutzt. Erst dadurch, dass viele sich für bestimmte Wege entschieden, wurden Pilgerwege daraus.

Der Pilgerweg ist ein schönes Bild für meinen Lebensweg. Er verläuft nicht gerade und besteht aus vielen Etappen, die oft nicht weit voneinander entfernt sind. Dabei hoffe ich, dass es einen Zusammenhang gibt. Etwas, das diesen ganzen Wegen einen Sinn und ein Ziel gibt. Diesem Ziel kann ich mich nähern, Schritt für Schritt. Mit Pausen und mit Wiederholungen. Ein Pilgerweg dient nicht dazu, zu einem fernen Ziel zu gelangen, um dann stolz auf die zurückgelegten Kilometer zu blicken. Ein Pilgerweg ist dazu da, sich über seinen eigenen Lebensweg Klarheit zu verschaffen und dabei der Frage nachzugehen: Was hatte Gott eigentlich mit mir vor, als er mich auf meinen Lebensweg schickte?

Gott sei Dank
gibt es nicht das,
was sich 60 bis 80 Prozent
der Menschen
unter Gott vorstellen!

Karl Rahner

## KARL RAHNER (1904–1984)

Er war einer der bedeutendsten deutschen Theologen
des 20. Jahrhunderts. Wahrscheinlich würde er
dieser Beschreibung sofort widersprechen. Er sagt
selbst über sich: »Ich bin kein Wissenschaftler und
will auch keiner sein, sondern ich möchte ein Christ
sein, dem das Christentum ernst ist, der unbefangen
in der heutigen Zeit lebt und von da aus sich dieses
oder jenes und ein drittes und ein zwanzigstes Problem
geben lässt, über das er nachdenkt. Wenn man das
dann ›Theologie‹ nennen will, ist das ja gut.«
Er war Professor und Ordensmann, hat hunderte
von Schriften veröffentlicht und trotzdem immer
wieder Zeit für die Sorgen und Nöte ganz normaler
Menschen gehabt. Für ihn gehören
die Geschichte Gottes und die Geschichte des Menschen ganz eng
zusammen. Und er begriff, dass
Gott ein großes Geheimnis für alle
Menschen ist, egal, wie sie ihn nennen.

# Sieben Gebete, sieben Tage

Gebete für davor und danach

Zum Beten brauchst du nicht allzu viel. Am wichtigsten ist, dass du dir etwas Zeit dafür nimmst. Dabei ist kein Ort besser oder schlechter als der andere. Beten kannst du überall. Natürlich kannst du so zu Gott sprechen, wie dir »der Schnabel gewachsen ist«. Gott kennt dich, und es wird ihn nicht überraschen, wenn du ihm Dinge sagst, die sonst keinen etwas angehen. Schwierig ist natürlich, dass du ihn nicht direkt siehst, dass seine Stimme anders zu vernehmen ist als die anderen Stimmen, die du kennst. Das Gebet kann dir schwerfallen, aber das ist noch lange kein Grund, es aufzugeben. Es ist wie beim Fahrradfahren. Man muss erst eine Weile üben, bis es gut läuft, aber im Prinzip kann es jeder. Das Sprechen mit Gott und das Hören auf Gott will geübt sein. Am besten täglich.

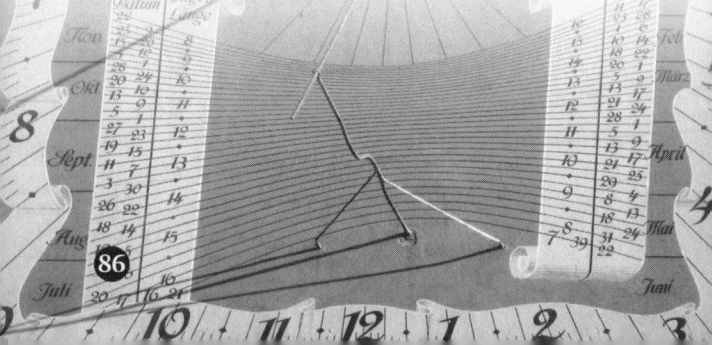

## KLEINES GEBETSTRAINING

Zur Übung findest du hier ein
kleines Gebetstraining. Es ist
für sieben Tage gedacht, wobei
es egal ist, an welchem Wochen-
tag du anfängst. Nimm dir eine
Zeit, in der niemand dich stört.
Das können zum Beispiel ein paar
Minuten vor dem Einschlafen sein.
Beginne mit dem Kreuzzeichen.
Denke nach, was du an diesem Tag
erlebt hast. Was waren schöne Ereignisse,
was war nicht so gut? Sage Gott Dank oder
beschwere dich. Dann kannst du den Text
lesen und beten. Manche Texte sind Gebete,
über andere kannst du einfach nachdenken
und danach ein eigenes Gebet sprechen.
Schließe das Gebet mit einer Bitte, die
dir für diesen Tag wichtig erscheint.
Übrigens kannst du diese Texte immer
wieder nehmen. Gut ist es, wenn du
lernst, (d)eine Form zu finden, wenn
du mit Gott sprichst. Und du wirst
nach einer Weile merken, dass
Beten keine Einbahnstraße ist.

Wenn ich zu dir bete, fallen mir kaum die richtigen Worte ein. Soll ich zu dir reden wie mit meinen Freunden? »Du bist klasse, du bist ganz okay, ich mag dich?« Darf ich so mit dir reden, oder würden mich alle anschauen, als wäre ich im Kopf nicht ganz richtig? Kannst du mir vielleicht erklären, warum wir von dir sprechen, als wärst du aus einer anderen Zeit und einem anderen Land? Als ob du unsere Sprache nicht verstehst?

Und, weißt du was, ich sag's dir ganz ehrlich: Für mich bist du manchmal ziemlich daneben. Dann, wenn ich dich nicht finde und nicht weiß, ob es dich überhaupt gibt. Und dann bin ich wieder total begeistert von dir. Ich weiß, du bist neben mir und hältst mich. Da möchte ich dich am liebsten umarmen.

Amen, das hebe ich mir für die Kirche auf. Aber jetzt: Mensch Gott! Ich bin froh, dass es dich gibt!

Zwei Mönche hörten, es gäbe einen Ort, wo
Himmel und Erde sich berührten. Wer an diesen
Ort gelange, finde alles Glück des Himmels und
der Erde. Er brauche nur die Tür zu öffnen, die
zu diesem Ort führt.

So machten sie sich auf den Weg, diesen Ort zu
suchen. Sie wanderten durch Schluchten, über
Berge, durchquerten Wüsten und durchschwam-
men Flüsse. Sie kamen durch Steppen und
wanderten durch riesige Wälder. Sie
wanderten wochen-, monate-, jahre-
lang, und endlich schienen sie
gefunden zu haben, was sie
suchten. Sie standen vor
einer niedrigen Holztür,
neigten ihre Köpfe und
traten erwartungsvoll
ein. Als sie aufschauten,
fanden sie sich in der
Klosterzelle wieder, die
sie vor Jahren verlassen
hatten.

**Brich einfach auf**, auch wenn es wieder
tausend gute Gründe zum Aufschieben gibt.
Beginne den Weg Schritt für Schritt.

**Grenz dich nicht ein**, auch wenn du glaubst,
das Ziel rückt dadurch weiter weg.
Habe Achtung vor Menschen,
für die Schöpfung, für Gott und für dich.

**Triff ruhig Entscheidungen.**
Es ist schwer, zu vielen Zielen zu folgen.
Wäge ab und gib manches auf.
Entscheide dich in Freiheit.

**Verlier das Ziel nicht** aus den Augen.
Finde deine Pfade durch den Alltag hindurch.
Schau in die Augen der Menschen.
Spüre die Wunder der Schöpfung.
Versuche das Geheimnis, das Du selbst bist,
zu ergründen.

**Sammle auf dem Weg** alles,
was dich stark und liebenswert macht.
Sei großzügig mit deinen Talenten und Gaben.
Mach anderen Mut zum Aufbruch.
Bringe Hoffnung in die Welt, und du wirst
ankommen.

## VIERTER TAG

Hörst du mir bitte einmal zu, Gott?
Ich möchte dich auch antworten hören.
  Wenn du schweigst, geht es mir wie allen,
  die nicht mehr mit dir reden.
Höre mir doch zu, wenn ich schreie.
Hör mir zu, wenn ich flüstere.
  Hör mir zu, wenn ich Wut habe.
  Hör mir zu, wenn ich bete.
Nein, ich möchte niemand werden,
der ja sagt und nein denkt.
  Nein, ich möchte kein falsches Leben führen
  und den Kontakt zu dir abbrechen,
so wie die, die von dir nichts mehr wissen wollen
und keine Augen für deine Werke haben.
  Ich will dir danken, Gott.
  Und ich will glauben, dass du mich hörst.
Du stärkst mir den Rücken.
Meine Seele ist sicher in deiner Hand.
  Du machst mich glücklich.
  So froh, dass ich singen und tanzen will.
Komm zu allen, die an dich glauben.
Mache uns stark und verlasse uns nicht.
  Hilf uns, Sinn und ein Ziel im Leben zu finden.
  Zeig uns, wo wir Kraft und Mut schöpfen können.

*nach Psalm 28*

Heute will ich maßlos sein, Gott.
Ich will schaffen,
kreativ sein, aktiv, produktiv.
Ich will wirbeln und wühlen.
Ich will wissen, was ich kann.
Heute leg ich es drauf an.
Nichts will ich hören von Maß und Muße,
von Selbstbeschränkung und Askese,
von Innehalten und Besinnung.
Lass mich heute kämpfen, Gott,
für dein Reich,
für Gerechtigkeit, für Freiheit, für Leben.
Meine Leidenschaft für dich kann ich nicht
mit angezogener Handbremse leben.
Ich will nicht immer nach innen schauen.
Ich will handeln, bauen, gestalten,
jetzt – wild – mit all meiner Kraft,
jetzt, solange ich jung bin,
wie ein Tänzer auf dem Parkett,
wie eine Sprinterin auf der Rennbahn,
wie ein Rocksänger hinter dem Mikrofon.
Morgen, lieber Gott,
morgen mach ich dann langsam.
Aber nicht heute!!! Amen! Amen! Amen!

Manchmal möchte ich dein Engel sein:
Ich möchte dich stärken,
wenn du schwach bist,
dich tragen, wenn du dich
auf unsicherem Boden bewegst,
und hinter dir stehen,
damit dir niemand
in den Rücken fällt.

Ich möchte dich trösten,
behutsam und sacht,
und aufmerksam sein
auf jedes Wort deiner Klage.

Auf dem Weg der Wandlung
von der Trauer
hin zum zarten Aufkeimen
neuer Hoffnung
würde ich dich gerne begleiten.

Manchmal möchte ich dein Engel sein
und dir das Tor öffnen zu einer Welt,
reich an Freude und Frieden.

Christa Spilling-Nöker

Du unser Gott, Vater und Mutter.
Wir glauben an dich, den Schöpfer der Welt.
Du bist der Schöpfer des Windes,
der Gänseblümchen,
der Marienkäfer
und der Blattläuse.
Du hast uns geschaffen
als Mann und Frau,
als Brüder und Schwestern,
die einander lieb haben sollen.
Wir glauben an dich, Jesus Christus.
Bei dir fühlen wir uns geliebt,
wir werden nicht abgelehnt,
nicht weggeworfen, wir werden bewahrt.
Wir glauben an dich, Heiliger Geist,
wenn wir dich in anderen Menschen finden,
in Gedanken,
in der Musik
und in Worten.
Wir danken dir, dreifaltiger Gott,
dass du uns ins Leben gerufen hast.
Wir danken dir, weil du uns auch heute berufst,
miteinander und mit dir
zu leben – als dein Ebenbild. Amen.

## UND ZUM SCHLUSS EIN SEGEN

Wer segnet, zeigt, dass er auf Gott setzt und dass er Gott zutraut, sich in unser Leben einzumischen. Diesen Segen kannst du gerne weitergeben, denn du kannst genauso gut segnen wie jeder andere Mensch auch.

GOTT,
sei über uns und segne uns,
sei unter uns und trage uns,
sei neben uns und stärke uns,
sei vor uns und führe uns.
Sei du die Freude, die uns belebt,
die Ruhe, die uns erfüllt,
das Vertrauen, das uns stärkt,
die Liebe, die uns begeistert,
der Mut, der uns beflügelt.

## QUELLENVERZEICHNIS

S. 93: Christa Spilling-Nöker, Manchmal möchte ich dein Engel
sein, aus: dies., Komm, mein Engel, komm. Beflügelnde Worte für jeden
Tag, © Verlag am Eschbach der Schwabenverlag AG, Eschbach / Mark-
gräferland, 8. Aufl. 2008

Alle Bibelzitate: Einheitsübersetzung der Heiligen Schrift
© 1980 Katholische Bibelanstalt, Stuttgart

## FOTONACHWEIS

S. 8, 9, 10, 20/21, 26, 28/29, 52, 55, 58/59, 63, 68, 74/75, 84/85,
89, 90/91: © Guido Erbrich, Bautzen
S. 11, 18, 27, 44/45: © Franz Josef Rupprecht, www.kathbild.at
S. 13: © Pressestelle des Bistums Dresden-Meißen
S. 15: © picture-alliance / akg-images / Erich Lessing
S. 16: © Lutz Kinmayer, Gera
S. 19: © picture-alliance / dpa / Publifoto
S. 24: © picture-alliance / epd / Friedrich Stark
S. 37, 51, 56/57, 86: © Michele Zampollo, Padua
S. 41: © picture-alliance / dpa
S. 49: © Elisabeth Meuser, Dresden
S. 70: © Evangelische Landeskirche in Württemberg,
Amt für Information
S. 72: © picture-alliance / KPA/TopFoto
S. 73: © Bernhard Moosbrugger, Zürich
S. 80: © KNA-Bild
S. 83: © Vatikanische Nachrichtenagentur Fides

Wir haben uns bemüht, alle Inhaber von Text- und Bildrechten in
Erfahrung zu bringen. Für zusätzliche Hinweise sind wir dankbar.